Dépôt légal

ALLOCUTION

PRONONCÉE

A LA RENTRÉE DE LA CONFÉRENCE

DES

AVOCATS STAGIAIRES

A LA COUR D'APPEL D'AIX

Le 9 Mars 1892

PAR

M° ANINARD, Bâtonnier de l'Ordre

AIX

IMPRIMERIE J. NICOT, RUE DU LOUVRE, 16

1892

ALLOCUTION

ALLOCUTION

PRONONCÉE

A LA RENTRÉE DE LA CONFÉRENCE

DES

AVOCATS STAGIAIRES

A LA COUR D'APPEL D'AIX

Le 9 Mars 1892

PAR

Me ANINARD, Bâtonnier de l'Ordre

⁓⁓⁓

AIX

IMPRIMERIE J. NICOT, RUE DU LOUVRE, 16

1892

ALLOCUTION

PRONONCÉE A LA RENTRÉE DE LA CONFÉRENCE

DES

Avocats Stagiaires

Par Me ANINARD, Bâtonnier de l'Ordre

JEUNES ET CHERS CONFRÈRES,

Il y a un an, à cette place, devant ce même auditoire de choix qui ne vous refuse jamais l'encouragement de sa présence, j'essayais de vous faire apprécier les avantages de cette conférence et vous la montrais comme la route la plus commode, la plus rapide et la plus sûre de l'audience.

C'est à l'audience que je veux vous suivre aujourd'hui : après l'exercice l'action, après la salle d'armes le champ clos.

La réalité succède à l'hypothèse. De vrais intérêts vous sont confiés. Ce n'est plus un droit abstrait, c'est un droit vivant que vous avez à défendre.

Toutefois, et je vous en félicite, avant de prendre place à la barre, vous en avez étudié les abords, vous avez pratiqué le Palais en auditeur. C'est le second moyen de vous rendre la plaidoirie familière, et c'est pourquoi on en a fait aussi de tout temps un des devoirs essentiels du stage. (1)

Tous les conseils et tous les traités ne valent pas les heures passées à écouter plaider vos anciens.

A chacun prenez sa qualité dominante : A celui-ci sa clarté, à cet autre sa sobriété ou une dialectique pressante, l'abondance des moyens, la force de la méthode ou bien une dextérité, une souplesse qu'aucune difficulté ne rebute et ne déconcerte ; et faites-vous un heureux mélange de tous ces talents qui vous sont également nécessaires.

Les points de droit et de fait que vous aurez entendu débattre et juger ne s'effaceront plus de votre esprit. Vous les retrouverez au moment opportun. Car de cette pratique on peut dire aussi :

C'est avoir profité que de savoir s'y plaire.

Combien vaut-il mieux dans les longues attentes du Palais, même lorsque depuis longtemps on n'est plus stagiaire, préférer cet enseignement mutuel aux plus pétillantes causeries de la Salle des Pas-Perdus.

Voyez cet avocat, auditeur peut-être peu bénévole en attendant que son affaire soit appelée. En travail

(1) Loisel, dans ses *opuscules*, loue le fameux Pithou de ce qu'il « se mit au Palais d'une autre façon que le commun ; car au lieu que les autres, *cruda adhuc studia in forum deferunt*, se jettant incontinent au Barreau, celui-ci au contraire, continuant ses études, se commandait comme un silence pythagorique, se rendant assidu aux audiences, remarquant soigneusement les arrêts qui s'y donnaient et prenant garde aux plus petites particularités et formalités. »

de plaidoirie, à la recherche d'une solution qui se dérobe, d'un entraînement lent à venir, il écoute à moitié distrait.

Tout à coup, au choc de la discussion qui s'échauffe, à un mot heureux, à une réflexion juste, à une citation de doctrine ou de jurisprudence, à un éclat passionné, un éclair a jailli dans son intelligence, un mouvement a remué son cœur : voilà l'inspiration souhaitée, la raison décisive découverte, une plaidoirie faite en un moment.

Ainsi un ferment s'anime au contact d'un autre ferment.

Et vous, jeunes Confrères, n'est-ce pas à l'audience que votre vocation a surgi, et que, encore étudiants, écoliers peut-être, à l'émotion qu'éveillait en vous le débat, aux arguments que votre esprit fournissait à la cause qui vous paraissait la plus juste, vous avez senti se lever en vous la louable ambition de défendre le Droit et, comme le Corrège se reconnaissant peintre à la vue d'un tableau de maître, vous avez dit : *Et moi aussi je suis avocat !*

A votre tour maintenant d'aborder la barre.

Vous l'avez fait résolument et non sans succès.

Vous avez connu la joie du premier acquittement, je ne dis pas seulement devant MM. les Jurés, ce qui a déjà son prix, mais aussi, ce qui vaut mieux, devant Messieurs de la chambre correctionnelle, voire devant Messieurs du Tribunal. Au civil vous avez obtenu votre premier arrêt de réformation. Enfin vous avez ressenti le légitime orgueil de vos premiers honoraires, ce signe matériel de votre émancipation professionnelle. Ce sont les belles journées du stage ;

celles dont le souvenir ne s'efface pas, qu'on aime à rappeler plus tard : *Hæc olim meminisse juvabit!*

Votre satisfaction cependant n'est pas sans nuages. Plus d'un succès vous a glissé des mains. Vous ne plaidez pas comme vous le souhaiteriez. Vous n'avez pas dit ce que vous vouliez dire ou comme vous vouliez le dire. Vous aviez fait un rêve plus brillant.

Peut-être cherchez-vous ou trop loin ou trop haut.

Depuis longtemps il n'y a plus dans le domaine de la plaidoirie ni monde nouveau à découvrir ni route nouvelle à trouver. Il n'y a plus de place, je ne dis pas pour un Christophe Colomb ou un Vasco de Gama, mais même pour un Brazza ou pour un Stanley.

Faire ce que d'autres font et le faire mieux ; dire ce qu'ils diraient mais avec une méthode plus sûre, une raison plus exacte, une clarté plus lumineuse, un charme plus pénétrant, une action plus pressante, c'est toute la supériorité.

C'est bien assez d'arriver à remplir ces trois conditions qui renferment l'art oratoire :

Se posséder soi-même ;

Posséder son sujet ;

Posséder son auditoire.

Il n'est pas aisé de se posséder pleinement.

Plaider c'est mettre en action, à la fois, les plus nobles aptitudes de notre corps et toutes les facultés de notre âme.

Quelle science et quel art il faut pour tenir son rôle ; pour faire vibrer toute cette lyre sublime et en tirer des accords parfaits, des sons irréprochablement harmoniques où la voix et le geste, le cœur et l'esprit, le sentiment et la raison soient dans une mesure juste, dans le ton exact donné par le diapason du sujet et des circonstances ; pour se tenir en équilibre entre l'idéalisme du droit et le matérialisme du fait, entre la chaleur de la passion qui aveugle et la froideur du raisonnement qui tue, et n'être ni brutal ni absurde, mais de bon sens, de sens commun, de sens humain !

Il y faut la sagesse du philosophe et le goût de l'artiste ; la science du jurisconsulte et le tact du diplomate.

La pratique de l'audience vous donnera le ton ; l'étude et la méditation de la jurisprudence vous enseigneront cet art des tempéraments qui est par dessus tout celui du magistrat et qui l'amène à juger humainement les choses humaines.

Posséder son auditoire vous paraît peut-être le plus ardu.

La solennité de la Cour vous trouble ; son autorité vous intimide. Ces magistrats savants, expérimentés, toujours en méfiance contre les habiletés des avocats, veut-on qu'un débutant s'en empare ?

Vous oubliez, mes chers Confrères, que le juge ne vient pas au Palais comme on va au spectacle, à une conférence ou même au sermon. Retenu sur son siège par son serment, son attention vous est d'avance acquise. C'est sa première vertu professionnelle.

Vous savez comme on la pratique dans cette enceinte, comme on vous écoute du haut de ces sièges où, par la traditionnelle hospitalité de la Cour, vous êtes en ce moment placés et, en particulier, de ce fauteuil de la présidence que j'ai l'insigne honneur d'occuper encore ce soir.

N'en doutez pas, de tous les auditoires celui d'un tribunal est le plus facile à posséder parce que le magistrat cherche la vérité que l'avocat tient dans ses mains.

Son impartialité vous est assurée autant que son attention. Il penche du côté où la justice se montre. Il n'est pas de ceux qu'on entraîne, mais de ceux qui ne marchent qu'en voyant clairement où ils vont.

Tout notre rôle est de l'éclairer.

Pour y atteindre il est de rigueur de bien posséder son sujet.

Connaître son procès est uniquement le fruit de l'étude.

On n'improvise pas une plaidoirie. Il y faut une préparation attentive et patiente.

L'improvisation même (mot trompeur !) n'est souvent que l'art de prévoir et la faculté de se souvenir à propos. C'est une combinaison soudaine d'éléments réunis parfois depuis longtemps, mis tout à coup en œuvre par la chaleur d'une émotion plus vive, mais toujours par des moyens que l'exercice seul peut nous rendre familiers.

Un bronze se coule en quelques instants, il a fallu de longs jours pour en creuser le moule.

Berryer, l'improvisateur sans rival, avait coutume de dire : « Je ne plaide bien qu'un bon procès que j'ai bien préparé. »

Vous pouvez connaître aussi ce mot d'Horace Vernet. Il demandait un prix élevé d'un cheval qu'il venait de peindre en quelques coups de pinceau, et comme on se récriait sur ce que ce n'était l'œuvre que d'un moment : « Allons donc ! répartit le maître, votre cheval, il y a trente ans que j'y travaille. »

Vos anciens pourraient en dire autant de leur réplique la plus impromptu.

D'après un bâtonnier du Barreau de Paris (1), « Jules Favre, durant trente années, écrivit sa phrase musicale pour imposer à ses discours la forme d'Isocrate, celle du plus pur des orateurs. »

J'hésite toutefois à vous recommander cette méthode. Une si étroite recherche de la forme est moins d'un avocat que d'un académicien et d'un rhéteur.

Si pour l'écrivain la plume est un pinceau, un burin ou un ciseau, pour nous ce n'est qu'un ébauchoir.

Mais c'est l'outil indispensable de toute préparation consciencieuse.

La plume sonde le terrain et trouve le bon filon. Elle creuse et va jusqu'aux racines, dissèque et arrive à la charpente osseuse. Elle ordonne les faits, classe les divisions, débrouille l'enchevêtrement des idées et force l'argument à se dégager net et précis.

Laissez-lui encore fixer quelques expressions heureuses et même un mouvement jailli du feu de l'étude ; gardez-vous de la laisser arrêter irrévocablement l'allure et le ton de votre discours. On ne règle pas à l'avance les incidents d'une rencontre ou les phases d'une explosion.

Arriver à la barre avec un texte immuable ce n'est pas posséder son sujet ; c'est être possédé par lui.

(1) Mᵉ CRESSON, *Discours du Stage*.

Voulez-vous être facilement le maître de votre discours, mettez-y de l'unité.

A cet être formé d'une âme qui est le *droit* et d'un
corps qui est le *fait* donnez une tête, mais ne lui en
donnez qu'une. De tous vos moyens choisissez
le meilleur et faites qu'il commande à tous les
autres.

En même temps que vous rendrez votre tâche plus
aisée, vous rendrez votre succès plus certain, car là où
passera le chef passera le reste du corps.

Une plaidoirie à plusieurs têtes peut, au premier
abord, paraître formidable ; comme l'hydre de la fable,
pour l'arrêter, il suffit d'un buisson.

De l'unité naît la clarté, cette qualité à ce point maî-
tresse pour l'avocat qu'elle lui est imposée non seulement par les règles de la rhétorique mais même
par un texte de loi. Une ordonnance du mois de
novembre 1364 prescrit aux avocats, *sur leurs ser-
ments et loyauté*, de plaider *au plus clèrement*.
Elle n'a pas été abrogée, c'est toujours au Palais une
loi existante.

Quant à celle du 24 octobre 1446, elle est au moins
tombée en désuétude, soit indulgence des juges, soit
retenue des avocats. C'est celle, vous le savez, qui
vous enjoint d'être *briefs* à peine « d'amende arbi-
traire selon l'exigence des cas tellement que ce soit
un exemple à tous. »

Etre clair et être bref c'est bien posséder son sujet.
Posséder son sujet est le meilleur acheminement à
la possession de soi-même et le plus sûr moyen
d'arriver, pour employer une expression du Palais, à
« avoir l'oreille du Tribunal. »

Mais les succès les plus beaux de la plaidoirie pourraient, mes chers Confrères, être des plus funestes, si elle n'était pas dominée par les qualités morales de l'avocat.

Les païens eux-mêmes avaient formulé cette loi. Il appartenait au Christianisme d'en élever la pratique jusqu'à la perfection en portant la probité du Forum et de l'Agora jusqu'au désintéressement rehaussé de délicatesse et de dignité qui, de temps immémorial, est pratiqué par notre Barreau.

Chez nos plus illustres maîtres le désintéressement grandit le talent comme chez ce M. Nouet dont le chancelier d'Aguesseau a dit : « Sa probité reconnue était une des armes les plus redoutables de son éloquence. »

Vous savez admirer ces exemples et, conséquents, vous cherchez à les imiter.

Je suis votre témoin moi qui chaque jour vous vois prêter un concours aussi actif que plein d'abnégation à ces ingrates causes d'office qui vous sont distribuées à profusion.

Ce n'est pas vous qui prendriez pour devise ce mot faussement attribué, sans doute, à je ne sais quel membre de je ne sais quel barreau : « *Un avocat est estimé au poids de ses honoraires* ». — Encore moins verrait-on un stagiaire spéculer à la geôle sur le sordide pécule d'un pitoyable prisonnier.

Rien n'est plus légitime assurément que la rémunération équitable du travail et du mérite de l'avocat. On ne peut qu'applaudir si son succès peut le faire arriver parfois à une brillante situation de fortune.

Mais le Barreau n'est ni une industrie ni un métier. C'est une profession, un de ces états où on voue au service de tous non seulement ses qualités techniques mais aussi ses qualités morales.

Nous ne sommes vis-à-vis de notre clientèle ni des exploitants ni des *locati*, mais des patrons. Elle ne doit être considérée par nous ni comme une terre d'agrément ni comme une terre de rapport ; ce n'est qu'un pays de protectorat.

Enfin, notre profession est sédentaire : l'avocat ne doit pas être errant. Assidu à son cabinet et fixé à son barreau, il ne va pas de tribunal en tribunal et moins encore de porte en porte s'afficher rebouteur de torts. — Il est sollicité, non solliciteur. La confiance s'inspire, elle ne s'offre pas.

Si l'avocat ne doit pas être errant il doit néanmoins être chevalier.

On disait au bon vieux temps : « Avocasserie vaut chevalerie » et on nous appelait « les Chevaliers ès lois. »

Aujourd'hui encore nous ne formons pas seulement une corporation mais un ORDRE, une institution de chevalerie.

Voilà je l'avoue, Messieurs, un mot singulièrement démodé ! Une chose tout à fait « vieux jeu. »

Arrivé sur sa fin, ce siècle ne paraît plus la connaître que par quelques bouts de rubans, très courus du reste.

Le théâtre même et le roman ne veulent plus du chevaleresque : Bayard est expulsé par Pot-Bouille et le drame moyen âge par un réalisme de police correctionnelle.

Le Barreau, Dieu merci ! n'est pas dans « le train ». On y parle toujours un noble langage parce qu'on y connaît toujours les entraînements généreux. Membre de la famille judiciaire il est resté, auprès de la magistrature, un sommet assez haut pour n'être pas encore menacé par le flot montant. Le jour où il serait submergé c'est que le pays entier serait noyé sous cet impur déluge.

A vous les jeunes de faire à la Patrie un autre avenir. Vous appartenez au siècle qui vient bien plus qu'à celui qui s'en va. — Sur un mode nouveau formez-le des vertus antiques.

Tenants du Droit, ne soyez pas « décadents » si vous ne voulez pas tomber dans le « barreau libre », rêve d'un réformateur ou naïf ou perfide ou seulement vindicatif, quelque naufragé de la barre ayant eu des difficultés avec un conseil de discipline.

Dieu vous préserve, mes chers Confrères, de toutes ces libertés « déliquescentes » dont nous menacent les pionniers d'avant-garde d'un progrès nihiliste et qui vont de l'orthographe et du style libres au mariage libre, en attendant la prison libre pour réprimer le crime... libre.

Certes si l'amour de la liberté est quelque part, c'est au Barreau. — Mais sa liberté consiste à être indépendant de la passion et de l'intérêt et non pas du Devoir, à être indépendant des hommes et non pas de Dieu.

Aix. — Imprimerie J. NICOT, 16, rue du Louvre. — 2.176

www.ingramcontent.com/pod-product-compliance
Lightning Source LLC
Chambersburg PA
CBHW071648030726
47598CB00005B/2045